Die Werke

Hartmanns von Aue.

V.

Der arme Heinrich.

Herausgegeben

von

Hermann Paul.

———————————————

Halle.
Max Niemeyer.
1882.

Altdeutsche textbibliothek, herausgegeben von H. Paul.
No. 3.

Einleitung.

Bei aufstellung der reihenfolge von Hartmanns werken wird der arme Heinrich gewöhnlich zwischen den Gregorius und den Iwein gesetzt.[1]) Von manchen wird er dagegen für sein letztes werk[2]) erklärt. Für keine von diesen beiden ansichten gibt es einen durchschlagenden grund.

Während wir für die übrigen erzählenden gedichte Hartmanns die vorlagen, nach denen sie gearbeitet sind, nachweisen können, ist das für den armen Heinrich bisher nicht gelungen. Dass er eine vorlage gehabt hat, und zwar eine schriftliche aufzeichnung sagt er mit deutlichen worten z. 16. 29. Dass sie in einer fremden sprache abgefasst war, ist wol aus dem ausdruck *diuten* in z. 16 zu schliessen. Da durch das local der erzählung, welches doch schwerlich von Hartmann ganz willkürlich verändert sein wird, eine französische quelle ausgeschlossen ist, so bleibt nur die annahme einer in Deutschland gemachten lateinischen aufzeichnung. Hartmann wird darin schon alle wesentlichen züge seiner erzählung vorgefunden haben. Das ist wenigstens nach seiner sonstigen verfahrungsweise wahrscheinlich.

Hartmann lässt seinen helden aus Aue stammen (z. 49), denkt ihn sich also wol als einen ahnherrn des

---

1) So von Lachmann, z. Iwein 22; von Haupt, einleitung zum a. Heinr.; von Bech, Werke Hartmanns 1, VII; von Naumann, Zschr. f. deutsches altertum 22, 42. 2) So von San Marte, Leben u. dichten Wolframs v. Eschenbach II, 239; von Simrock, Der arme Heinrich übersetzt, 2. aufl. VIII.

geschlechtes, in dessen diensten er stand. Ob auch dieser zug schon in der quelle vorhanden war oder ob ihn erst Hartmann hinzugefügt hat, villeicht durch irgend einen anhaltspunkt in der vorlage veranlasst, darüber wird sich nichts ausmachen lassen.

Nicht bloss die direkte vorlage Hartmanns mangelt uns, sondern es ist bisher auch keine einigermassen nahe verwandte erzählung nachgewiesen. Jedoch der glaube, dass der aussatz durch menschenblut, besonders durch das blut unschuldiger kinder heilbar sei, ist alt und weit verbreitet, auch häufig als motiv in sagen angewendet[1] Plinius berichtet (Hist. nat. 26, 1, 5) *Aegypti peculiare hoc malum* (der aussatz) *et cum in reges incidisset populis funebre. quippe in balneis solia temperabantur humano sanguine ad medicinam eam.* Die bekanntesten hierher gehörigen erzählungen sind die von der bekehrung Constantins und von Amicus und Amelius. Die erstere hat das mit der unsrigen gemein, dass der kranke aus mitleid auf das heilmittel verzichtet und dafür bei gott gnade findet. Näher zum armen Heinrich, insofern zur heilung eines aussätzigen das blut einer reinen jungfrau verlangt wird, stimmt eine episode in der Queste du St. Graal.

Hartmanns gedicht ist uns nach drei vollständigen handschriften bekannt, einer Strassburger (A)[2], die jetzt verbrannt ist, einer Heidelberger (B^a) und einer Koloczaer (B^b)[3]. Dazu kommen geringe bruchstücke einer sehr guten handschrift aus St. Florian (C)[4]. B^a und B^b gehen auf die gleiche schon stark überarbeitete vorlage zurück. Es bleibt daher der kritik im allgemeinen kein anderes verfahren übrig, als der dem originale viel näher stehenden hs. A so lange zu folgen, als nicht bestimmte gründe dagegen sprechen.

---

1) Vgl. darüber die ausgabe der brüder Grimm s. 172 ff. und Selig Cassel im Weimarischen jahrb. f. deutsche sprache, literatur und kunst I, 408 ff.   2) Abgedruckt in Myllers Sammlung deutscher gedichte des XII. bis XIV. jahrh. Bd. I.   3) Abgedruckt im Koloczaer codex altdeutscher gedichte, herausgegeben von Mailath und Köffinger s. 425 ff.
4) Zuerst veröffentlicht von Pfeiffer, Germania III, 347.

Dass dieses verfahren allerdings etwas zu einseitig ist, und dass B noch in manchen fällen das echte bieten wird, wo es uns zu constatieren mit unseren hülfsmitteln nicht mehr möglich ist, zeigt die vergleichung der bruchstücke von C.

Herausgegeben ist der A. Heinr. von den brüdern Grimm, Berlin 1815; von Lachmann in der Auswahl aus den hochdeutschen dichtern des dreizehnten jahrh., Berlin 1820; von W. Wackernagel in den verschiedenen ausgaben seines altdeutschen lesebuches und besonders, Basel 1855; von W. Müller, Göttingen 1842 (mit einem wörterbuche); von M. Haupt: Die lieder und büchlein und der arme Heinrich von Hartmann von Aue, Leipzig 1842 (mit kritischem apparat); neue ausgabe, besorgt von E. Martin: Der arme Heinrich und die büchlein von H. von Aue, Leipzig 1881 (mit aufnahme der nachträglichen verbesserungen von Haupt und hinzufügung der Florianer bruchstücke zum variantenapparat); von Müllenhoff, Altdeutsche sprachproben, Berlin in zweiter auflage 1871 (abdruck des Hauptschen textes); von Bech, Deutsche classiker des mittelalters, bd. 5, Leipzig 1867, zweite auflage 1873. Vor kurzem ist in Kiel ein abdruck der Hauptschen ausgabe mit imitation der handschriftlichen schreibweise erschienen. Eine ausgabe in erneuerten sprachformen hat Büsching geliefert (Zürich 1816), eine wirkliche übersetzung Simrock (Berlin 1830. Heilbronn 1875).

Beiträge zur kritik und erklärung haben geliefert: Pfeiffer, Germania III, 349 und Franz Kocian, Die bedeutung der überarbeiteten handschriften B[a] und B[h]) und der St. Florianer bruchstücke für den text des armen Heinrich (programm des gymnasiums in Budweis 1878).

Ich gebe ein verzeichniss der abweichungen meines textes von der zweiten auflage der Hauptschen ausgabe. Die lesarten derselben stehen hinter dem gleichheitszeichen. Abweichungen in der schreibweise sind nicht berücksichtigt.

21 iht B = niht A. 29 ditze = ditz selbe A (uns ditz B). 33 deheiner *Wack.* = deheine A (aller B). 33. 4 tugende — jugende *Lachm. auswahl* = tugent — jugent AB. 42 geburt A = burt B. 82 hôher muot A = hôchmuot (*in B lautet die zeile* daz wart im schirc verkêret). 128 Jôbe = ˆobe *u. s. f.* 198 hœret A = hôrte *Lachm.* (*fehlt B*). 202 der = dêr. 231 megede A (meide B) = maget. 246 begunde AB = gunde. 272 gebûren AB = bûren. 306 si B = diu A. 318 sô B = dô A. 326 mit sliezer unmuoze B (unmuzen) = sus wonte si suoze A (die sueze). 327 wonte si ir herren B = ir herren ze allen zîten A. 329 sô er B = er ouch A. mohte *Wa.* = möhte. 330 der meide B = kinden A. tohte *Wa.* = tühte. 337. 8 *in dieser folge nach B* = *umgekehrt* A. 338 solte AB = sol *Wackernagel.* 339 sîz (si iz B) = ers (erz A). 407 dane B = dâ A. 436 ichn B = ich A. 437 einen meister niender vinden B (nirgen) = keinen meister vinden (do kunde ich kein m. v. A). 447 manbære A = êrbære (*nach 225, abweichend B*). 487 wan daz B = und dô A. 512 pflac AB = gepflac. 525 verwac A (erwac B) = bewac. 532 diu tete AB = tete. 540 muoter B = vater A. 541 vater B = muoter A. 573 er sprach AB = *fehlt.* 646 lanclip C = lanc leben (lange leben A, ein lauch lip B). 649 dû wilt = dû wilt zewâre A (dv wilt iedoch C, Do mite wiltu B). 651 daz BC = wan daz A. unde BC = unde ouch A. 652 a—d C = *fehlen* AB. 662 a—d *in B, von* wesen *bis* muot *auch in C erhalten* (b die rede und ouch B) = *fehlt* A. 663 Si sprach AB = *fehlt.* 674 ich C (daz ich B) = sprechent ich A. 675 zir lebene C = zer werlte A (ie B). 677 niuwan C (wan B) = mê dan A. 678. 9 sol *hier* AC = *vor* vil (*abweichend B*). ze C = nâch A. 679 des C = dar zuo A. 717 geburt AB = burt. 805 beide A = *fehlt* B. 827 sî (si ôch C, der si gar B [*nach* 680]) = ist ein teil A. 828 wie C = *fehlt* A. 830 mir C = und mir A. 832 iuch BC = iuch vil lîhte A. 837 volle BC = = ganze A. 852 ab = *fehlt* (Do sol uns viere der tot loesen Von der hellen und von den geisten boesen A, da schol .. C, Morgen hilfet uns min got uz von aller slachte not B [*nach* 840]). 861 niemer = niemêr. 862 dehein BC = kein A.

863 jâhen $B^a C$ (sahen B^b) = sprâchen A. 870 bedâhten sich B (sich bedahte C) = dâhten A. heiliggeist = heilic geist (heilige AB). 871 sî AB = sî sî. 872 sî wenden noch A = noch wenden (noch weren B). 873 daz B = des A. 939 niht A *und vor* gern B = *fehlt*. 953 allen A = allez (vil B). 977 wir engültenz *Bech* = wirne geltenz (wir engeltens A, wirn lontens B). 1029 der muoter grimmigez B = unde ir muoter grimmez A. 1035 niemer mê A = niemê (*abweichend* B). 1057 dâ (do B) = und dâ (und do A). 1103 dînen B = den A. 1110 ûzer A = ûz (*fehlt* B). 1115 ein = *fehlt* A (einen zwifel ich gewunnen han B). 1119 daz AB = *fehlt*. 1161 lât sîn B = lâts ouch (lat sin ouch A). 1186 ergân = ergân., *dann absatz*. 1189 vant. = vant,. 1190 er hiez A (do hiez er B) = hiez er. 1201 sô B = gar A. 1263 herre A = *fehlt* (*in B fehlt* 1263. 4). 1264 sprach er A = *fehlt*. 1266 herre A = *fehlt* B. 1285 Ze grimme roufte sî (Zuo grimme zart sú sich uñ roufte A) = sî gram unde roufte *Wack*. (Sie roufte uñ krazte sich B). 1291 ergân, = ergàn?. 1413 herzeliebe A = herzeliep (*abweichend* B).

Ein ritter sô gelêret was
daz er an den buochen las
swaz er dar an geschriben vant.
der was Hartman genant,
dienstman was er ze Ouwe.   5
er nam im mange schouwe
an mislîchen buochen:
dar an begunde er suochen
ob er iht des funde
dâ mite er swære stunde   10
möhte senfter machen,
und von sô gewanten sachen
daz gotes êren töhte
und dâ mite er sich möhte
gelieben den liuten.   15
nu beginnet er iu diuten
ein rede die er geschriben vant.
dar umbe hât er sich genant,
daz er sîner arbeit
die er dar an hât geleit   20
iht âne lôn belîbe,
und swer nâch sînem lîbe
sî hœre sagen oder lese,
das er im bittende wese
der sêle heiles hin ze gote.   25
man seit, er sî sîn selbes bote
unde erlœse sich dâ mite,
swer über des andern schulde bite.
    Er las ditze mære,
wie ein herre wære   30

ze Swâben gesezzen:
an dem enwas vergezzen
deheiner der tugende
die ein ritter in sîner jugende
ze vollem lobe haben sol.   35
man sprach dô niemen alsô wol
in allen den landen.
er hete ze sînen handen
geburt und dar zuo rîcheit:
ouch was sîn tugent vil breit.   40
swie ganz sîn habe wære,
sîn geburt unwandelbære
und wol den fürsten gelîch,
doch was er unnâch alsô rîch
der gebürte und des guotes   45
sô der êren und des muotes.
    Sîn name der was erkennelich,
und hiez der herre Heinrich,
und was von Ouwe geborn.
sîn herze hâte versworn   50
valsch und alle törperheit,
und behielt ouch vaste den eit
stæte unz an sîn ende.
ân alle missewende
stuont sîn êre und sîn leben.   55
im was der rehte wunsch gegeben
ze werltlîchen êren:
die kunde er wol gemêren
mit aller hande reiner tugent.
er was ein bluome der jugent,   60
der werlte fröude ein spiegelglas.
stæter triuwe ein adamas,
ein ganziu krône der zuht.
er was der nôthaften fluht,
ein schilt sîner mâge,   65
der milte ein glîchiu wâge:
im enwart über noch gebrast.
er truoc den arbeitsamen last
der êren über rücke.

er was des râtes brücke, 70
und sanc vil wol von minnen.
alsus kund er gewinnen
der werlte lop unde prîs.
es was hübesch und dar zuo wîs.
   Dô der herre Heinrich 75
alsô geniete sich
êren unde guotes
und frœlîches muotes
und werltlîcher wünne
(er was für al sîn künne 80
geprîset unde geêret),
sîn hôher muot wart verkêret
in ein leben gar geneiget.
an im wart erzeiget,
als ouch an Absolône, 85
daz diu üppige krône
werltlîcher süeze
vellet under füeze
ab ir besten werdekeit,
als uns diu schrift hât geseit. 90
ez spricht an einer stete dâ,
'mêdiâ vîtâ
in morte sûmus:'
das bediutet sich alsus,
daz wir in dem tôde sweben 95
sô wir aller beste wænen leben.
   Dirre werlte veste,
ir stæte, unde ir beste
unde ir grœste magenkraft,
diu stât âne meisterschaft. 100
des muge wir an der kerzen sehen
ein wârez bilde geschehen,
daz sî zeiner aschen wirt
enmitten dô sî lieht birt.
wir sîn von brœden sachen. 105
nû sehent wie unser lachen
mit weinen erlischet.
unser süeze ist vermischet

mit bitterre gallen.
unser bluome der muoz vallen 110
so er allergrüenest wænet sîn.
an hern Heinrîche wart wol schîn,
der in dem hœhsten werde
lebet ûf dirre erde,
derst der versmæhete vor gote. 115
er viel von sîme gebote
ab sîner besten werdekeit
in ein versmæhelîchez leit:
in ergreif diu miselsuht.
dô man die swæren gotes zuht 120
gesach an sînem lîbe,
manne unde wîbe
wart er dô widerzæme.
nû sehent wie genæme
er ê der werlte wære, 125
und wart nû alse unmære
daz in niemen gerne an sach:
alse ouch Jôbe geschach,
dem edeln und dem rîchen,
der ouch vil jæmerlîchen 130
dem miste wart ze teile
mitten in sîme heile.
  Und dô der arme Heinrich
alrêst verstuont sich
daz er der werlte widerstuont, 135
als alle sîne gelîchen tuont,
dô schiet in sîn bitter leit
von Jôbes gedultikeit.
wan ez leit Jôb der guote
mit gedultigem muote, 140
do ez ime ze lîdenne geschach,
durch der sêle gemach.
den siechtuom und die smâcheit
die er von der werlte leit,
des lobet er got nnd frôute sich. 145
dô tet der arme Heinrich
leider niender alsô:

wan er was trûrec unde unfrô.
sîn swebendez herze daz verswanc,
sîn swimmendiu frôude ertranc,   150
sîn hôchvart muoste vallen,
sîn honic wart ze gallen,
ein swinde vinster donreslac
zerbrach im sînen mitten tac,
ein trüebez wolken unde dic   155
bedaht im sîner sunnen blic.
er sente sich vil sêre
daz er sô manege êre
hinder im müeste lâzen.
verfluochet und verwâzen   160
wart vil ofte der tac
dâ sîn geburt ane lac.
Ein wênic fröuwet er sich doch
von eime trôste dannoch:
wan im wart dicke geseit   165
daz disiu selbe siecheit
wære vil mislich
und etelîchiu gnislich.
des wart vil maneger slahte
sîn gedinge und sîn ahte.   170
er gedâhte daz er wære
vil lîhte genisbære,
und fuor alsô drâte
nâch der arzâte râte
gegen Munpasiliere.   175
dâ vand er vil schiere
niht wan den untrôst
daz er niemer würde erlôst.
Daz hôrte er vil ungerne,
und fuor gegen Sâlerne   180
und suochte ouch dâ durch genist
der wîsen arzâte list.
den besten meister er dâ vant.
der seite ime zehant
ein seltsæne mære,   185
daz er genislich wære

uud wære doch iemer ungenesen.
dô sprach er 'wie mac daz wesen?
diu rede ist harte unmügelich.
bin ich gnislich, sô genise ich: 190
und swaz mir für wirt geleit
von guote oder von arbeit,
daz trûwe ich vollebringen.'
'nû lât daz gedingen'
sprach aber der meister dô: 195
'iuwerre sühte ist alsô
(waz frumet daz ichz iu kunt tuo?):
dâ hœret arzenîe zuo:
des wæret ir genislîch.
nu enist ab nieman sô rîch   200
noch von sô starken sinnen
der sî müge gewinnen.
des sint ir iemer ungenesen,
got enwelle der arzât wesen.'
    Dô sprach der arme Heinrich   205
'war umbe untrœstent ir mich?
jâ hân ich guotes wol die kraft:
ir enwellent iuwer meisterschaft
und iuwer reht ouch brechen
und dar zuo versprechen   210
beidiu mîn sîlber und mîn golt,
ich mache iuch mir alsô holt
daz ir mich harte gerne ernert.'
'mir wære der wille unrewert'
sprach der meister aber dô: 215
'und wære der arzenîe alsô
daz man sî veile funde
oder daz man sî kunde
mit deheinen dingen erwerben,
ich enlieze iuch niht verderben.   220
nu enmac des leider niht sîn:
dâ von muoz iu diu helfe mîn
durch alle nôt sîn versaget.
ir müesent haben eine maget
diu vollen êrbære   225

und ouch des willen wære
daz sî den tôt durch iuch lite.
nu enist ez niht der liute site
daz ez iemen gerne tuo.
sô hœrt ouch anders niht dar zuo   230
niwan der megede herzen bluot:
daz wære für iuwer suht guot.'
  Nu erkante der arme Heinrich
daz daz wære unmügelich
daz iemen den erwürbe   235
der gerne für in stürbe.
alsus was im der trôst benomen
ûf den er dar was komen,
und dar nâch für die selben frist
hât er ze sîner genist   240
dehein gedinge mêre.
des wart sîn herzesêre
alsô kreftic unde grôz
daz in des aller meist verdrôz,
ob er langer solte leben.   245
nû fuor er heim und begunde geben
sîn erbe und ouch sîn varnde guot,
als in dô sîn selbes muot
und wîser rât lêrte,
da erz aller beste bekêrte.   250
er begunde bescheidenlîchen
sîn armen friunde rîchen
und trôste ouch frömde armen,
daz sich got erbarmen
geruochte über der sêle heil: 255
gotes hiusern viel daz ander teil.
alsus sô tet er sich abe
bescheidenlîchen sîner habe
unz an ein geriute:
dar flôch er die liute.   260
disiu jæmerlîche geschiht
diu was sîn eines klage niht:
in klageten elliu diu lant
dâ er inne was erkant,

und ouch von vrömden landen   265
die in nâch sage erkanden.
   Der ê ditz geriute
und der ez dannoch biute,
daz was ein frîer bûman
der vil selten ie gewan   270
dehein grôz ungemach,
daz andern gebûren doch geschach,
die wirs geherret wâren,
und sî die niht verbâren
beidiu mit stiure und mit bete.   275
swaz dirre gebûre gerne tete,
des dûhte sînen herren gnuoc:
dar zuo er in übertruoc
daz er dehein arbeit
von frömdem gewalte leit.   280
des was deheiner sîn gelîch
in dem lande alsô rîch.
zuo deme zôch sich
sîn herre, der arme Heinrich.
swaz er in het ê gespart,   285
wie wol daz nû gedienet wart
und wie schône er sîn genôz!
wan in vil lützel des verdrôz
swaz im geschach durch in.
er hete die triuwe und ouch den sin   290
daz er vil willeclîche leit
den kumber und die arbeit
diu ime ze lîdenne geschach.
er schuof ime rîch gemach.
   Got hete dem meiger gegeben   295
nâch sîner ahte ein reinez leben.
er hete ein wol erbeiten lîp
und ein wol werbendez wîp,
dar zuo het er schœniu kint,
diu gar des mannes fröude sint,   300
unde hete, sô man saget,
under den kinden eine maget,
ein kint von ahte jâren:

daz kunde wol gebâren
sô rehte güetlîchen: 305
sî wolte nie entwîchen
von ir herren einen fuoz:
umb sîne hulde und sînen gruoz
sô diente si ime alle wege
mit ir güetlîchen pflege.   310
sî was ouch sô genæme
daz sî wol gezæme
ze kinde deme rîche
an ir wætlîche.

  Die andern heten den sin   315
daz sî ze rehter mâze in
wol gemîden kunden:
sô flôch sî zallen stunden
zuo ime und niender anders war.
sî was sîn kurzewîle gar.   320
sî hete gar ir gemüete
mit reiner kindes güete
an ir herren gewant,
daz man sî zallen zîten vant
under ir herren fuoze.   325
mit süezer unmuoze
wonte sî ir herren bî.
dar zuo sô liebte er ouch sî
swâ mite sô er mohte,
und daz der meide tohte   330
zuo ir kintlîchen spil,
des gab der herre ir vil.
ouch half in sêre daz diu kint
sô lîbte ze gewenenne sint.
er gewan ir swaz er veile vant,   335
spiegel unde hârbant,
gürtel unde vingerlîn
und swaz kinden liep solte sîn.
mit dienste brâhte sîz ûf die vart
daz sî im alsô heimlich wart   340
daz er sî sîn gemahele hiez.
diu guote maget in liez

belîben selten eine:
er dûhte sî vil reine.
swie starke ir daz geriete   345
diu kindesche miete,
iedoch geliebte irz aller meist
von gotes gebe ein süezer geist.
   Ir dienst was sô güetlich.
dô dô der arme Heinrich   350
driu jâr dâ getwelte
unde im got gequelte
mit grozem jâmer den lîp,
nû saz der meier und sîn wîp
unde ir tohter, diu maget   355
von der ich iu ê hân gesaget,
bî im in ir unmüezekeit
und begunden klagen ir herren leit.
diu klage tet in michel nôt:
wan sî vorhten daz sîn tot   360
sî sêre solte letzen
und vil gar entsetzen
êren unde guotes
und daz herters muotes
würde ein ander herre   365
si gedâhten alsô verre
unz dirre selbe bûman
alsus frâgen began.
   Er sprach 'lieber herre mîn,
möht ez mit iuwern hulden sîn,   370
ich frâgte vil gerne.
sô vil ze Sâlerne
von arzenîen meister ist,
wie kumet daz ir deheines list
ze iuwerme ungesunde   375
niht gerâten kunde?
herre, des wundert mich.'
dô holte der arme Heinrich
tiefen sûft von herzen
mit bittterlîchem smerzen: 380
mit solher riuwe er dô sprach

daz ime der sûft das wort zerbrach.
'Ich hân disen schemelîchen spot
vil wol gedienet umbe got.
wan dû sæhe wol hie vor   385
daz hôh offen stuont mîn tor
nâch werltlîcher wünne
und daz niemẹn in sînem künne
sînen willen baz hete dan ich:
und was daz doch unmügelich,   390
wan ich enhete niht gar.
dô nam ich sîn vil kleine war
der mir daz selbe wunschleben
von sîneu gnâden hete gegeben.
daz herze mir dô alsô stuont   395
als alle werlttôren tuont,
den daz saget ir muot
daz sî êre unde guot
âne got mügen hân.
sus troug ouch mich mîn tumber wân,   400
wan ich in lützel ane sach
von des genâden mir geschach
vil êren unde guotes.
dô dô des hôhen muotes
den hôhen portenære bedrôz,   405
die sælden porte er mir beslôz.
dane kum ich leider niemer in:
daz verworhte mir mîu tumber sin.
got hât durch râche au mich geleit
ein sus gewante siecheit   410
die niemen mag erlœsen
nû versmæhent mich die bœsen,
die biderben ruochent mîn niht.
swie bœse er ist der mich gesiht,
des bœser muoz ich dannoch sîn.   415
sîn unwert tuot er mir schîn:
er wirfẹt diu ougen abe mir.
nû schînet êrste an dir
dîn triuwe die dû hâst,
daz dû mich siechen bî dir lâst   420

und von mir niht enfliuhest.
swie dû mich niht enschiuhest,
swie ich niemen liep sî danne dir,
swie vil dîns heiles stê an mir,
du vertrüegest doch wol mînen tôt.   425
nû wes unwert und wes nôt
wart ie zer werlte merre?
hie vor was ich dîn herre
und bin dîn dürftige nû.
mîn lieber friunt, nu koufest dû   430
und mîn gemahele und dîn wîp
an mir den êwigen lîp
daz dû mich siechen bî dir lâst.
des dû mich gefrâget hâst,
daz sage ich dir vil gerne.   435
ïchn kunde ze Sâlerne
einen meister niender vinden
der sich mîn underwinden
getörste oder wolte.
wan dâ mite ich solte   440
mîner sühte genesen,
daz müeste ein solhiu sache wesen
die in der werlte nieman
mit nihte gewinnen kan.
mir wart niht anders dâ gesaget   445
wan ich müeste haben eine maget
diu vollen manbære
und ouch des willen wære
daz sî den tôt durch mich lite
und man sî zuo dem herzen snite,   450
und mir wære niht anders guot
wan von ir herzen daz bluot.
nû ist genuoc unmügelich
daz ir deheiniu durch mich
gerne lîde den tôt.   455
des muoz ich schemelîche nôt
tragen unz an mîn ende.
daz mirz got schiere sende!'
    Daz er dem vater hete gesagt,

daz erhôrte ouch diu reine magt: 460
wan ez hete diu vil süeze
ir lieben herren füeze
stânde in ir schôzen.
man möhte wol genôzen
ir kintlîch gemüete   465
hin ze der engel güete.
sîner rede nam sî war
unde marhte sî ouch gar:
sî enkam von ir herzen nie
unz man des nahtes slâfen gie.   470
dô sî zir vater füezen lac
und ouch ir muoter, sô sî pflac,
und sî beide entsliefen,
manegen sûft tiefen
holte sî von herzen.   475
umbe ir herren smerzen
wart ir riuwe alsô grôz
daz ir ougen regen begôz
der slâfenden füeze.
sus erwahte sî diu süeze.   480
   Dô sî der trehene enpfunden,
si erwachten und begunden
sî frâgen waz ir wære
und welher hande swære
sî alsô stille möhte klagen.   485
nu enwolte sî es in niht sagen,
wan daz ir vater aber tete
vil manege drô unde bete
daz sî ez ime wolte sagen.
sî sprach 'ir möhtent mit mir klagen.   490
waz möhte uns mê gewerren
danne umb unsern herren,
daz wir den suln verliesen
und mit ime verkiesen
beide guot und êre?   495
wir gewinnen niemer mêre
deheinen herren alsô guot
der uns tuo daz er uns tuot.'

Sî sprâchen 'tohter, dû hâst wâr.
nû frumet uns leider niht ein hâr   500
unser riuwe und dîn klage:
liebez kint, dâ von gedage.
ez ist uns alsô leit sô dir.
leider nû enmuge wir
ime ze keinen staten komen.   505
got der hât in uns benomen:
het ez iemen anders getân,
der müese unsern fluoch hân.'
    Alsus gesweigeten sî sî dô.
die naht beleip sî unfrô   510
und morne allen den tac.
swes iemen anders pflac,
diz enkam von ir herzen nie
unz man des andern nahtes gie
slâfen nâch gewonheit.   515
dô sî sich hete geleit
an ir alte bettestat,
sî bereite aber ein bat
mit weinenden ougen:
wan sî truoc tougen   520
nâhe in ir gemüete
die aller meisten güete
die ich von kinde ie vernam.
welch kint getete ouch ie alsam?
des einen sî sich gar verwac,   525
gelebetę sî morne den tac,
daz sî benamen ir leben
umbe ir herren wolte geben.
    Von dem gedanke wart sî dô
vil ringes muotes unde frô,   530
und hete deheine sorge mê,
wan ein vorhtę diu tete ir wê,
sô sîz ir herren sagte,
daz er dar an verzagte,
und swenne sîz in allen drin   535
getæte kunt, daz sî an in
der gehenge niht enfunde

daz mans ir iht gunde.
Des wart sô grôz ir ungehabe
daz ir muoter dar abe   540
unde ir vater wart erwaht
als ouch an der vordern naht.
sî rihten sich ûf zuo ir
und sprâchen 'sich, waz wirret dir?
dû bist vil alwære   545
daz du dich sô manege swære
von solher klage hâst an genomen
der niemen mac zeim ende komen.
war umbe lâstu uns niht slâfen?'
sus begunden sî sî strâfen.   550
waz ir diu klage töhte,
die niemen doch enmöhte
verenden noch gebüezen?
sus wânden sî die süezen
gesweigen an der selben stunt: 555
dô was ir wille in vil unkunt.
Sus antwurte in diu maget.
'als uns min herre hât gesaget,
sô mac man in vil wol ernern.
zewâre, ir welt mirz danne wern,   560
sô bin ich ze der arzenîe guot.
ich bin ein maget und hân den muot,
ê ich in sihe verderben,
ich wil ê für in sterben.'
Von dirre rede wurden dô   565
trûric unde unfrô
beide muoter unde vater.
sîne tohter die bater
daz sî die rede lieze
und ir herren gehieze   570
das sî geleisten möhte,
wand ir diz niht entöhte.
Er sprach 'tohter, dû bist ein kint
und dîne triuwe die sint
ze grôz an disen dingen.   575
du enmaht es niht für bringen

als dû uns hie hâst verjehen.
dû hâst des tôdes niht gesehen.
swenn ez dir kumet ûf die frist
daz des dehein rât ist,   580
dû enmüezest sterben,
und möhtest dûz erwerben,
dû lebetest gerner dannoch:
wan dun kœme nie in leider loch.
dâ von tuo zuo dînen munt: 585
und wirstû für dise stunt
der rede iemer mêre lût,
ez gât dir ûf dîne hût.'
    Alsus sô wânde er sî dô
bêdiu mit bete und mit drô   590
gesweigen: dô enmohter.
sus antwurt ime sîn tohter.
    'Vater mîn, swie tump ich sî,
mir wonet iedoch diu witze bî
daz ich von sage wol die nôt   595
erkenne daz des lîbes tôt
ist starc unde strenge.
swer ouch danne die lenge
mit arbeiten leben sol,
dem ist iedoch niht ze wol.   600
wan swenne er hie geringet
und ûf sîn alter bringet
den lîp mit michelre nôt,
sô muoz er lîden doch den tôt.
ist ime diu sêle danne verlorn,   605
sô wære er bezzer ungeborn.
ez ist mir komen ûf daz zil,
des ich got iemer loben wil,
daz ich den jungen lîp mac geben
umbe das êwige leben.   610
nû sult ir mirz niht leiden.
ich wil mir unde iu beiden
vil harte wol mite varn.
ich mag iuch eine wol bewarn
vor schaden und vor leide,

als ich iu nû bescheide.
ir hânt êre unde guot:
daz meinet mînes herren muot,
wan er iu leit nie gesprach
und ouch daz guot nie abe gebrach.   620
die wîle daz er leben sol
sô stêt iuwer sache wol:
und lâze wir den sterben,
sô müezen wir verderben.
den wil ich uns fristen   625
mit alsô schœnen listen
dâ mite wir alle sîn genesen.
nû gunnet mirs, wan ez muoz wesen.'
   Diu muoter weinende sprach,
dô sî der tohter ernst ersach,   630
'gedenke, tohter, liebez kint,
wie grôz die arbeite sint
die ich durch dich erliten hân,
und lâ mich bezzern lôn enpfân
dan ich dich hœre sprechen.   635
dû wilt mîn herze brechen.
senfte mir der rede ein teil.
jâ wiltû allez dîn heil
an uns verwürken wider got.
wan gedenkest dû an sîn gebot?   640
jâ gebôt er unde bater
daz man muoter unde vater
minne und êre biete,
und geheizet daz ze miete
daz der sêle rât werde   645
und lanclîp ûf der erde.
dû gihst dû wellest dîn leben
umb unser beider fröude geben:
dû wilt uns beiden
daz leben vaste leiden.   650
daz dîn vater unde ich
gerne leben, daz ist durch dich.
waz solte uns lîp unde guot,   a
waz solte uns werltlich muot,   b

Der arme Heinrich.   2

swenne wir dîn enbæren?   c
dune . . . . . .   d
jâ soltû, liebiu tohter mîn,
unser beider fröude sîn,
gar unsers libes wünne,   655
ein bluome in dîme künne,
unsers alters ein stap.
und lâstû uns über dîn grap
gestên von dînen schulden,
dû muost von gotes hulden   660
iemer sîn gescheiden:
daz koufest an uns beiden.'
wiltu uns tohter wesen guot,   a
sô soltû rede und den muot   b
durch unsers herren hulde lân,   c
die ich von dir vernomen hân.   d
    Si sprach 'muoter, ich getrûwe dir
und mînem vater her ze mir
aller der genâden wol   665
der vater unde muoter sol
leisten ir kinde,
als ich ez wol bevinde
an iu allertegelich.
von iuwern gnâden hân ich   670
die sêle und einen schœnen lîp.
mich lobet man unde wîp,
und alle die mich sehende sint,
ich sî daz schœneste kint
daz sî zir lebene haben gesehen.   675
wem solt ich der genâden jehen
niuwan iu zwein nâch gote?
des sol ich ze iuwerm gebote
iemer vil gerne stân:
wie michel reht ich des hân!   680
muoter, sæligez wîp,
sît ich nû sêle unde lîp
von iuwern genâden hân,
sô lântz an iuwern hulden stân
daz ich ouch die beide   685

von dem tiuvel scheide
und mich gote müeze geben.
jâ ist dirre werlte leben
niuwan der sêle verlust.
ouch hât mich werltlîch gelust   690
unz her noch niht berüeret,
der hin zer helle füeret.
nû wil ich gote genâde sagen
daz er iu mînen jungen tagen
mir die sinne hât gegeben   695
daz ich ûf diz brœde leben
ahte harte kleine.
ich wil mich alsus reine
antwürten in gotes gewalt.
ich fürhte, solt ich werden alt,   700
daz mich der werlte süeze
zuhte under füeze,
als sî vil manegen hât gezogen
den ouch ir süeze hât betrogen:
sô würde ich lîhte gote entsaget.   705
gote müeze ez sin geklaget
daz ich unz morne leben sol:
mir behaget diu werlt niht sô wol.
ir meiste liep ist herzeleit
(daz sî iu für wâr geseit),   710
ir süezer lôn ein bitter nôt,
ir lancleben ein gæher tôt.
wir hân niht gewisses mê
wan hiute wol und morne wê
und ie ze jungest der tôt.   715
daz ist ein jæmerlîchiu nôt.
ez enschirmet geburt noch guot,
schœne, sterke, hôher muot,
ez enfrumt tugent noch êre
für den tôt niht mêre   720
dann ungeburt und untugent.
unser leben und unser jugent
ist ein nebel unde ein stoup,
unser stæte bibent als ein loup.

er ist ein vil verschaffen gouch 725
der gerne in sich vazzt den rouch,
ez sî wîp oder man,
der diz niht wol bedenken kan
und ouch der werlt nâch volgende ist.
wan uns ist über den fûlen mist 730
der pfeller hie gespreitet:
swen nû der blic verleitet,
der ist zuo der helle geborn
unde enhât niht mê verlorn
wan beidiu sêle unde lip. 735
nu gedenkent, sæligez wîp,
müeterlîcher triuwe
und senftent iuwer riuwe
die ir dâ habent umbe mich:
so bedenket ouch der vater sich. 740
ich weiz wol daz er mir heiles gan.
er ist ein alsô biderber man
daz er erkennet wol daz ir
unlange doch mit mir
iuwer fröude mügent hân, 745
ob ich joch lebende bestân.
belîbe ich âne man bî iu
zwei jâr oder driu,
sô ist mîn herre lîhte tôt,
und kument in sô grôze nôt 750
vil lîhte von armuot
daz ir mir alsolhez guot
zeinem man niht mugent geben,
ich enmüeze alse swache leben
daz ich iu lieber wære tôt. 755
nu verswîge wir aber der nôt,
daz uns niht enwerre
und uns mîn lieber herre
were und alsô lange lebe
unz daz man mich zeim manne gebe 760
der rîche sî unde wert:
sô ist geschehen des ir dâ gert
und wænent mir sî wol geschehen.

anders hât mir mîn muot verjehen.
wirt er mir liep, daz ist ein nôt: 765
wirt er mir leit, daz ist der tôt.
wan sô hân ich iemer leit
und bin mit ganzer arbeit
gescheiden von gemache
mit maneger hande sache   770
diu den wîben wirret
und sî ze fröuden irret.
nû setzt mich in den vollen rât
der dâ niemer zergât.
mîn gert ein frîer bûman   775
dem ich wol mînes lîbes gan.
zwâre dem sult ir mich geben,
sô ist geschaffet wol mîn leben.
im gêt sîn pfluoc harte wol,
sîn hof ist alles râtes vol,   780
da enstirbet ros noch daz rint,
da enmüent diu weinenden kint,
da enist ze heiz noch ze kalt,
dâ wirt von jâren niemen alt,
der alte wirt junger,   785
da enist frost noch hunger,
da enist deheiner slahte leit,
da ist ganziu fröude ân arbeit.
ze dem wil ich mich ziehen
und solhen bû fliehen   790
den daz fiur und der hagel sleht
und der wâc abe twebt,
mit dem man ringet unde ie ranc.
swaz man daz jâr alse lanc
dar ûf gearbeiten mac,   795
daz verliuset schiere ein halber tac.
den bû den wil ich lâzen:
er sî von mir verwâzen.
ir minnent mich: deist billich.
nû sihe ich gerne daz mich   800
iuwer minne iht unminne.
ob ir iuch rehter sinne

an mir verstân kunnent
und ob ir mir gunnent
beide guotes unde êren, 805
sô lâzet mich kêren
ze unserm herren Jêsû Krist,
des gnâde alsô stæte ist
daz sî niemer zergât,
unde ouch zuo mir armen hât 810
alsô grôze minne
als zeiner küniginne.
ich sol von mînen schulden
ûz iuwern hulden
niemer komen, wil ez got. 815
ez ist gewisse sîn gebot
daz ich iu sî undertân,
wan ich den lîp von iu hân:
daz leist ich âne riuwe.
ouch sol ich mîne triuwe 820
an mir selber niht brechen.
ich hôrte ie daz sprechen,
swer den andern fröuwet sô
daz er selbe wirt unfrô,
und swer den andern krœnet 825
und sich selben hœnet,
der triuwen sî ze vil.
wie gerne ich iu des volgen wil
daz ich iu triuwe leiste,
mir selber doch die meiste. 830
welt ir mir wenden mîn heil,
sô lâz ich iuch ein teil
ê nâch mir geweinen,
ich enwelle mir erscheinen
wes ich mir selber schuldic bin. 835
ich wil iemer dâ hin
da ich volle fröude vinde.
ir hânt doch mê kinde:
diu lânt iuwer fröude sîn
und getrœstent ir iuch mîn. 840
wan mir mac daz nieman erwern

zwâre, ich enwelle ernern
mînen herren unde mich.
muoter, jâ hôrte ich dich
klagen unde sprechen ê,   845
ez tæte dîme herzen wê,
soltest dû ob mîme grabe stân.
des wirst dû harte wol erlân:
dû stâst ob mîme grabe niht.
wan dâ mir der tôt geschiht,   850
daz enlât dich niemen sehen:
ez sol ze Sâlerne geschehen.
dâ sol uns viere der tôt   a
lœsen von aller slahte nôt.   b
des tôdes des genese wir,
und ich doch verre baz dan ir.'
Dô sî daz kint dô sâhen   855
ze dem tôde sô gâhen,
und ez sô wîslîchen sprach
unde menschlich reht zerbrach,
si begunden ahten under in
daz die wîsheit und den sin   860
niemer erzeigen kunde
dehein zunge in kindes munde.
sî jâhen daz der heiliggeist
der rede wære ir volleist,
der ouch sante Niklauses pflac   865
dô er in der wagen lac
und in die wîsheit lêrte
daz er ze gote kêrte
sîne kintliche güete:
und bedâhten sich in ir gemüete   870
daz sî niht enwolden
sî wenden noch ensolden
des sî sich hete an genomen:
der wille sî ir von gote komen.
von jâmer erkalte in der lîp,   875
dô der meiger und sîn wîp
an dem bette sâzen
und vil gar vergâzen

durch des kindes minne
der zungen und der sinne 880
sâ ze der selben stunde.
ir enwederz enkunde
einic wort gesprechen.
daz gegihte begunde brechen
die muoter von leide. 885
sus gesâzen sî beide
riuwic unde unfrô
unz sî sich bedâhten dô
waz in ir trûren töhte:
so man ir doch niht enmöhte 890
benemen ir willen unde ir muot,
so enwære in niht alsô guot
sô daz sî irs wol gunden,
wan sî doch niht enkunden
ir niemer werden âne baz; 895
enpfiengen sî der rede haz,
ez möhte in umbe ir herren
vil harte wol gewerren,
und verviengen anders niht dâ mite.
mit vil willeclichem site 900
sprâchen sî beide dô
daz sî der rede wæren frô.
    Des fröute sich diu reine maget.
dô ez vil kûme was getaget
dô gie sî dâ ir herre slief. 905
sîn trûtgemahele ime rief,
sî sprach 'herre, slafent ir?'
'nein ich, gemahele, sage mir,
wie bistû hiute alsô fruo?'
'herre, dâ twinget mich derzuo 910
der jâmer iuwerr siecheit.'
er sprach 'gemahel, daz ist dir leit:
daz erzeigest du an mir wol,
als ez dir got vergelten sol.
nune mag es dehein rât sîn.' 915
'entriuwen, lieber herre mîn,
iuwer wirt vil guot rât.

sit ez alsus umbe iuch stât
daz man iu gehelfen mac,
ichn gesûme iuch niemer tac. 920
herre, ir hânt uns doch gesaget,
ob ir hetent eine maget
diu gerne den tôt durch iuch lite,
dâ soltent ir genesen mite.
diu wil ich weizgot selbe sin: 925
iuwer leben ist nützer dan daz min.'
   Dô gnâdete ir der herre
des willen harte verre.
und ervolleten im diu ougen
von jâmer alsô tougen. 930
er sprach 'gemahel, ja ist der tôt
iedoch niht ein senftiu nôt,
als dû dir lihte hâst gedâht.
dû hâst mich des wol innen brâht,
möhtestû, dû hülfest mir. 935
des genüeget mich wol von dir.
ich erkenne dînen süezen muot:
dîn wille ist reine unde guot.
ichn sol ouch niht mê von dir gern.
dû maht mich des niht wol gewern 940
daz dû dâ gesprochen hâst.
die triuwe die du an mir begâst,
die sol dir vergelten got.
ditz wære der lantliute spot,
swaz ich mich für dise stunde 945
arzenîen underwunde,
und mich doch niht vervienge
wan als ez doch ergienge.
gemahele, dû tuost als diu kint
diu dâ gæhes muotes sint: 950
swaz den kumet in den muot,
ez sî übel oder guot,
dar zuo ist in allen gâch,
und geriuwet sî sêre dar nâch.
gemahele, alsô tuost ouch dû. 955
der rede ist dir ze muote nû:

der die von dir nemen wolte,
sô manz danne enden solte,
so gerüwez dich vil lîhte doch.'
und daz sî sich ein teil noch   960
baz bedæhte, des bater.
er sprach 'dîn muoter und din vater
die enmugen dîn niht wol enbern.
ich sol ouch niht ir leides gern
die mir ie gnâde tâten.   965
swaz sî dir beide râten,
liebe gemahele, das tuo.'
hie mite lachete er dar zuo,
wan er lützel sich versach
daz doch sider dô geschach.   970
    Sus sprach er zuo der guoter.
der vater und diu muoter
sprâchen 'lieber herre,
ir hânt uns vil verre
geliebet und geêret: 975
daz enwære niht wol bekêret,
wir engültenz iu mit guote.
unser tohter ist ze muote
daz sî den tôt durch iuch dol:
des gunne wir ir harte wol.   980
es ist hiute der dritte tac
daz sî uns allez ane lac
daz wir ir sîn gunden:
nû hât sîz an uns funden.
nû lâze iuch got mit ir genesen: 985
wir wellen ir durch iuch entwesen.'
    Do im sîn gemahele dô bôt
für sînen `siechtuom ir tôt
und man ir ernest ersach,
dô wart dô michel ungemach   990
und jæmerlîch gebærde.
manc mislîchiu beswærde
huop sich dô under in,
zwischen dem herren unde in drin.
ir vater unde ir muoter die   995

erhuoben michel weinen hie:
des weinens tet in michel nôt
umb ir vil lieben kindes tôt.
nu begunde ouch der herre
gedenken alsô verre   1000
an des kindes triuwe,
und begreif in ouch ein riuwe,
daz er sêre weinen began,
und zwîvelte vaste dran
weder ez bezzer getân   1005
möhte sîn oder verlân.
von vorhten weinte ouch diu maget:
sî wânde er wære dran verzaget.
sus wârens alle unfrô.
sî gerten keines dankes dô.   1010
  Ze jungest dô bedâhte sich
ir herre, der arme Heinrich,
und begunde sagen in
grôze gnâde allen drin
der triuwen und des guotes   1015
(diu maget wart rîches muotes
daz ers gevolgete gerne),
und bereite sich ze Sâlerne
sô er schierste mohte.
swaz ouch der megede tohte,   1020
daz wart vil schiere bereit:
schœniu pfert und rîchiu kleit,
diu sî getruoc nie vor der zit:
hermîn unde samît,
den besten zobel den man vant,   1025
daz was der megede gewant.
  Nû wer möhte volgesagen
die herzeriuwe und daz klagen,
der muoter grimmigez leit
und ouch des vater arbeit?   1030
ez wære wol under in beiden
ein jæmerlichez scheiden,
dô sî ir liebez kint von in
gefrumten sô gesundez hin

niemer mê ze sehenne in den tôt, 1035
wan daz in senftet ir nôt
diu reine gotes güete,
von der doch daz gemüete
ouch dem jungen kinde quam
daz ez den tôt gerne nam. 1040
ez was âne ir rât komen:
dâ von wart von ir herzen genomen
alliu klage und swære,
wan ez anders wunder wære
daz in ir herze niht zerbrach. 1045
ze liebe wart ir ungemach,
daz sî dar nâch deheine nôt
liten umbe ir kindes tôt.

Sus fuor gegen Sâlerne
frœlîch unde gerne 1050
diu maget mit ir herren.
waz möhte ir nû gewerren,
wan daz der wec sô verre was,
daz sî sô lange genas?
und do er sî vollebrâhte 1055
hin als er gedâhte
dâ er sînen meister vant,
dô wart ime zehant
vil frœlîchen gesaget,
er hete brâht eine maget 1060
die er in gewinnen hiez:
dar zuo er in sî sehen liez.

Daz dûhte in ungelouplich:
er sprach 'kint, weder hâstû dich
diss willen selbe bedâht? 1065
od bistû ûf die rede brâht
von bete od dînes herren drô?'
diu maget antwurt im alsô,
daz sî die selben ræte
von ir selber herzen tæte. 1070

Des nam in michel wunder,
und fuorte sî besunder
und beswuor sî vil verre

ob ir iht ir herre
die rede hete ûz erdrôt.　　　　　　　　1075
er sprach 'kint dir ist nôt
daz dû dich berâtest baz,
und sage dir rehte umbe waz.
ob dû den tôt liden muost
und daz niht vil gerne tuost,　　　　　　1080
sô ist dîn junger lîp tôt,
und frumet uns leider niht ein brôt.
nu enhil mich dînes willen niht.
ich sage dir wie dir geschiht.
ich ziuhe dich ûz rehte blôz,　　　　　　1085
und wirt dîn schame harte grôz
die dû von schulden danne hâst
unde nacket vor mir stâst.
ich binde dir bein und arme:
ob dich dîn lîp erbarme,　　　　　　　　1090
so bedenke disen smerzen:
ich snîde dich zem herzen
und brich ez lebende ûz dir.
fröuwelîn, nû sage mir
wie dîn muot dar umbe stê.　　　　　　　1095
ezn geschach nie kinde alsô wê,
als dir muoz von mir geschehen.
daz ich ez tuon sol unde sehen,
dâ hân ich michel angest zuo:
nu gedenke selbe ouch dar zuo.　　　　　1100
geriuwet ez dich eins hâres breit,
sô hân ich mîn arbeit
und dû dînen lîp verlorn.'
vil tîure wart sî aber besworn,
sin erkante sich vil stæte,　　　　　　　1105
daz sî sichs abe tæte.
　　Diu maget lachende sprach,
wan sî sich des wol versach,
ir hülfe des tages der tôt
ûzer werltlîcher nôt,　　　　　　　　　　1110
'got lône iu, lieber herre,
daz ir mir alsô verre

hâut die wârheit gesaget.
entriuwen ich bin ein teil verzaget:
mir ist ein zwîvel geschehen. 1115
ich wil iu rehte bejehen
wie der zwîvel ist getân
den ich nû gewunnen hân.
ich fürhte daz unser arbeit
gar von iuwer zageheit 1120
under wegen belîbe.
iuwer rede gezæme eim wîbe.
ir sint eines hasen genôz.
iuwer angest ist ein teil ze grôz
dar umbe daz ich sterben sol. 1125
dêswâr ir handelnt ez niht wol
mit iuwer grôzen meisterschaft.
ich bin ein wîp und hân die kraft:
geturrent ir mich snîden,
ich getar ez wol erlîden. 1130
die engestlîche arbeit
die ir mir vor hânt geseit,
die hân ich wol ân iuch vernomen.
zwâre ichn wære her niht komen,
wan daz ich mich weste 1135
des muotes alsô veste
daz ich ez wol mac dulden.
mir ist bî iuwern hulden
diu brœde varwe gar benomen
und ein muot alsô vester komen 1140
das ich als engestlîche stân
als ich ze tanze süle gân:
wan dehein nôt sô grôz ist
diu sich in eines tages frist
an mîme lîbe geenden mac, 1145
mich endunke daz der eine tac
genuoc tiure sî gegeben
umbe daz êwige leben
daz dâ niemer zergât.
iu enmac, als mîn muot stât, 1150
an mir niht gewerren.

getrûwent ir mînem herren
sînen gesunt wider geben
und mir daz êwige leben,
durch got daz tuont enzît: 1155
lânt sehen welch meister ir sît.
mich reizet vaste dar zuo.
ich weiz wol durch wen ich ez tuo:
in des namen ez geschehen sol,
der erkennet dienest harte wol   1160
und lât sîn ungelônet niht.
ich weiz wol daz er selbe gibt,
swer grôzen dienst leiste,
des lôn sî ouch der meiste.
dâ von sô sol ich disen tôt   1165
hân für eine süeze nôt
nâch sus gewissem lône.
liez ich die himelkrône,
sô het ich alwæren sin,
wand ich doch lihtes künnes bin.'   1170
   Nu vernam er daz sî wære
genuog unwandelbære,
und fuorte sî wider dan
hin zuo dem siechen man
und sprach zuo ir herren   1175
'uns kan daz niht gewerren,
iuwer maget ensî vollen guot.
nû hânt frœlîchen muot:
ich mache iuch schiere gesunt.'
hin fuorte er sî zestunt   1180
in sîn heimlich gemach,
da es ir herre niht ensach,
und beslôz im vor die tür
und warf einen rigel für:
er enwolte in niht sehen lân   1185
wie ir ende solte ergân
in einer kemenâten,
die er vil wol berâten
mit sîner arzenîe vant.
er hiez die maget alzehant   1190

abe ziehen diu kleit.
des was sî frô und gemeit:
sî zartę diu kleider in der nât.
schiere stuont sî âne wât
und wart nacket unde blôz:　　　　　1195
sî schamte sich niht eins hâres grôz.
　Dô sî der meister ane sach
in sîme herzen er des jach
daz schœner crêatiure
al der werlte wære tiure.　　　　　1200
sô sêre erbarmte sî in,
daz im daz herze und der sin
vil nâch was daran verzaget.
nû ersach diu guote maget
einen hôhen tisch dâ stân:　　　　　1205
dâ hiez sî der meister ûf gân.
dar ûf er sî vil vaste bant,
und begunde nemen in die hant
ein scharpfez mezzer daz dâ lac,
des er ze solhen dingen pflac.　　　　1210
ez was lang unde breit,
wan daz ez sô wol niht ensneit
als im wære liep gewesen
dô sî niht solte genesen,
dô erbarmete in ir nôt,　　　　　1215
und wolte ir sanfte tuon den tôt.
　Nû lac dâ bî in ein
harte guot wetzestein.
da begunde erz ane strîchen
harte müezeclîchen,　　　　　1220
da bî wetzen. daz erhôrte,
der ir frôude stôrte,
der arme Heinrich hin für
dâ er stuont vor der tür,
und erbarmte in vil sêre　　　　　1225
daz er sî niemer mêre
lebende solte gesehen.
nu begunde er suochen unde spehen,
unze daz er durch die want

ein loch gânde vant, 1230
und ersach sî durch die schrunden
nacket und gebunden.
   Ir lîp der was vil minneclich.
nû sach er sî an unde sich,
und gewan einen niuwen muot. 1235
in dûhte dô daz niht guot
des er ê gedâht hâte,
und verkêrte vil gedrâte
sîn altez gemüete
in eine niuwe güete. 1240
   Nû er sî also schœne sach,
wider sich selben er dô sprach
'dû hâst einen tumben gedanc,
daz dû sunder sînen danc
gerst ze lebenne einen tac 1245
wider den niemen niht enmac.
du enweist ouch rehte waz dû tuost,
sît dû benamen sterben muost,
daz dû diz lesterlîche leben
daz dir got hât gegeben 1250
niht vil willeclîchen treist
unde ouch dar zuo enweist
ob dich diss kindes tôt ernert.
swaz dir got hât beschert,
daz lâ dir allez geschehen. 1255
ich enwil diss kindes tôt niht sehen.'
   Des bewag er sich zehant
und begunde bôzen an die want:
er hiez sich lâzen dar in.
der meister sprach 'ich enbin 1260
nû niht müezic dar zuo
daz ich iu iht ûf tuo'
'nein, herre meister, gesprechent mich.'
'herre, sprach er, jâ enmac ich.
beitent unz daz ditz ergê.' 1265
'nein herre meister, gesprecht mich ê.'
'nû sagent mirz her durch die want'
'jâ ist ez niht alsô gewant.'

Zehant dô liez er in dar in.
dô gie der arme Heinrich hin 1270
dâ er die maget gebunden sach.
zuo dem meister er dô sprach
'ditz kint ist alsô wünneclich:
zwâre jâ enmac ich
sînen tôt niht geschen. 1275
gotes wille müeze an mir geschehen:
wir suln sî wider ûf lân.
als ich mit iu gedinget hân,
daz silber daz wil ich iu geben.
ir sult die maget lâzen leben.' 1280
    Dô diu maget rehte ersach
daz ir ze sterbenne niht geschach,
dâ was ir muot beswæret mite.
sî brach ir zuht uud ir site:
ze grimme roufte sî sich: 1285
ir gebærde wart sô jæmerlich
daz sî niemen hete gesehen,
im wære ze weineune geschehen.
    Vil bitterlîchen sî schrê
'wê mir vil armen unde ouwê! 1290
wie sol ez mir nû ergân,
muoz ich alsus verlorn hân
die rîchen himelkrône?
diu wære mir ze lône
gegeben umbe dise nôt. 1295
nû bin ich alrêst tôt.
ouwê, gewaltiger Krist,
waz êren uns benomen ist,
mînem herren unde mir!
nu enbirt er und ich enbir 1300
der êren der uns was gedâht.
ob diz wære vollebrâht
sô wære ime der lîp genesen,
und müeste ich iemer sælic wesen.'
    Sus bat si gnuoc umb den tôt. 1305
dô wart ir nie dernâch sô nôt,
sî verlüre gar ir bete.

dô niemen durch sî dô niht tete,
dô huop sî an ein schelten.
sî sprach 'ich muoz engelten   1310
mînes herren zageheit.
mir hânt die liute misseseit:
daz hân ich selbe wol ersehen.
ich hôrte ie die liute jehen,
ir wærent biderbe unde guot   1315
und hetent vesten mannes muot:
sô helfe mir got, sî hânt gelogen.
diu werlt was ie an iu betrogen:
ir wârent ie al iuwer tage
und sint ouch noch ein werltzage.   1320
des nim ich wol dâ bî war:
daz ich doch lîden getar,
dazn turrent ir niht dulden.
herre, von welhen schulden
erschrâkent îr dô man mich bant?   1325
ez was doch ein dickiu want
enzwischen iu unde mir.
herre mîn, geturrent ir
einen frömden tôt niht vertragen?
ich wil iu geheizen unde sagen   1330
daz iu niemen niht entuot,
und ist iu nütze unde guot.'
    Swie vil sî flüeche unde bete
unde ouch scheltens getete,
daz enmohte ir niht frum wesen: 1335
sî muoste iedoch genesen.
swaz dô scheltens ergie,
der arme Heinrich ez enpfie
als ein frumer ritter sol,
tugentlîchen unde wol,   1340
dem schœner zühte niht gebrast.
und dô der gnâdelôse gast
sîne maget wider kleite
und den arzât bereite
als er gedinget hâte,   1345
dô fuor er gedrâte

wider heim ze lande.
swie wol er dô erkande
daz er dâ heime funde
mit gemeinem munde   1350
niuwan laster unde spot,
daz liez er liuterlîch an got.
   Nû hete sich diu guote magt
sô verweinet und verklagt,
vil nâhe hin unz an den tôt.   1355
do erkande ir triuwe unde ir nôt
cordis spêculâtor,
vor dem deheines herzen tor
fürnames niht beslozzen ist.
sît er durch sînen süezen list   1360
an in beiden des geruochte
daz er sî versuochte
reht alsô volleclîchen
sam Jôben den rîchen,
do erzeigte der heilige Krist   1365
wie liep im triuwe und erbermde ist,
und schiet sî dô beide
von allem ir leide
und machete in dô zestunt
reine unde wol gesunt.   1370
   Alsus bezzerte sich
der guote herre Heinrich
daz er ûf sînem wege
von unsers herren gotes pflege
harte schœne worden was,   1375
daz er vil gar genas
und was als vor zweinzic jâren.
do si sus erfröuwet wâren,
do enbôt erz heim ze lande
den die er erkande   1380
der sælden und der güete
daz sî in ir gemüete
sîns gelückes wæren frô.
von schulden muosten sî dô
von den genâden fröude hân   1385
die got hâte an ime getân.

Sine friunt die besten
die sîne kunft westen,
die riten unde giengen
durch daz sî in enpfiengen 1390
gegen im wol drîe tage.
si engeloubten niemens sage
wan ir selber ougen.
sî kurn diu gotes tougen
an sîme schœnen lîbe. 1395
dem meiger und sînem wîbe
den mac man wol gelouben,
man welle sî rehtes rouben,
daz sî dâ heime niht beliben.
sî ist iemer ungeschriben, 1400
diu frœude die sî hâten,
wan sî got hete berâten
mit lieber ougen weide:
die gâben in dô beide
ir tohter unde ir herre. 1405
ez enwart nie frœude merre
danne in beiden was geschehen,
dô sî hâten gesehen
daz sî gesunt wâren.
si enwesten wie gebâren. 1410
ir gruoz wart spæhe undersniten
mit vil seltsænen siten:
ir herzeliebe wart alzô grôz
daz in daz lachen begôz
der regen von den ougen. 1415
diu rede ist âne lougen:
sî kusten ir tohter munt
etewaz mê dan drî stunt.
Do enpfiengen sî die Swâbe
mit lobelîcher gâbe: 1420
daz was ir willeclîcher gruoz.
got weiz wol, den Swâben muoz
ieglich biderber man jehen,
der sî dâ heime hât gesehen,
daz bezzers willen niene wart. 1425

als in an sîner heimvart
sîn lantliut enphienge,
wie ez dar nâch ergienge,
waz mag ich dâ von sprechen mê?
wan er wart rîcher vil dan ê   1430
des guotes und der êren.
daz begunde er allez kêren
stæteclîchen hin ze gote,
und warte sîme gebote
baz danne er ê tæte.   1435
des ist sîn êre stæte.
  Der meiger und diu meigerin
die heten ouch vil wol umb in
verdienet êre unde guot.
ouch het er niht sô valschen muot,   1440
sî hetenz harte wol bewant.
er gap in ze eigen daz lant,
daz breite geriute,
die erde und die liute,
dâ er dâ siecher ûffe lac.   1445
sîner gemaheln er dô pflac
mit guote und mit gemache
und mit aller slahte sache
als sîner frouwen oder baz:
daz reht gebôt ime ouch daz.   1450
  Nu begunden im die wîsen
râten unde prîsen
umb êlîchen hîrât.
ungesamnet was der rât.
er seite in dô sînen muot: 1455
er wolte, diuhte ez sî guot,
nâch sînen friunden senden
und die rede mit in enden,
swar sî ime rieten.
biten unde gebieten   1460
hiez er allenthalben dar
die sînes wortes næmen war.
do er sî alle dar gewan,
beide mâge unde man,

dô tet er in die rede kunt. 1465
nû sprach ein gemeiner munt,
ez wære reht unde zît.
hie hnop sich ein michel strît
an dem râte under in:
dirre riet her, der ander hin, 1470
als ie die liute tâten
dâ sî dâ solten râten.
  Do ir rât was sô mislich,
dô sprach der arme Heinrich
'iu ist allen wol kunt 1475
daz ich vor kurzer stunt,
was vil ungenæme,
den liuten widerzæme.
nu enschiuht mich weder man noch wîp:
mir hât gegeben gesunden lîp 1480
unsers herren gebot.
nû râtet mir alle durch got,
von dem ich die genâde hân,
die mir got hât getân,
daz ich gesunt worden bin, 1485
wie ichz verschulde wider in.'
  Sî sprâchen 'nement einen muot
daz im lîp unde guot
iemer undertænic sî.'
sîn trûtgemahele stuont dâ bî, 1490
die er vil güetlîch ane sach.
er umbevienc sî unde sprach
'iu ist allen wol gesagt
daz ich von dirre guoten magt
mînen gesunt wider hân, 1495
die ir hie sehent bî mir stân.
nû ist sî frî als ich dâ bin:
nû ræt mir aller mîn sin
daz ich sî ze wîbe neme.
got gebe daz ez mir gezeme: 1500
sô wil ich sî ze wîbe hân.
zwâre, mac daz niht ergân,
sô wil ich sterben âne wîp,

wan ich êre unde lîp
hân von ir schulden.   1505
bî unsers herren hulden
wil ich iuch biten alle
daz ez iu wol gevalle.'
    Nû sprâchens alle gelîche,
bêde arm und rîche,   1510
ez wære ein michel fuoge.
dâ wâren pfaffen gnuoge:
die gâben si ime ze wîbe.
nâch süezem lanclîbe
do besâzen sî gelîche   1515
daz êwige rîche.
als müeze ez uns allen
ze·jungest gevallen.
der lôn den sî dâ nâmen,
des helfe uns got. âmen.   1520

Halle. Druck von E. Karras.